This Book Belongs To

- -

- -

MANDALA
COLORING
PAGE 1

MANDALA
COLORING
PAGE 2

MANDALA
COLORING
PAGE 3

MANDALA
COLORING
PAGE 4

MANDALA
COLORING
PAGE 5

MANDALA
COLORING
PAGE 6

MANDALA
COLORING
PAGE 7

MANDALA
COLORING
PAGE 8

MANDALA
COLORING
PAGE 10

MANDALA
COLORING
PAGE 11

MANDALA
COLORING
PAGE 12

MANDALA
COLORING
PAGE 13

MANDALA
COLORING
PAGE 14

MANDALA
COLORING
PAGE 15

MANDALA
COLORING
PAGE 16

MANDALA
COLORING
PAGE 17

MANDALA
COLORING
PAGE 18

MANDALA
COLORING
PAGE 19

MANDALA
COLORING
PAGE 20

MANDALA
COLORING
PAGE 21

MANDALA
COLORING
PAGE 22

MANDALA
COLORING
PAGE 23

MANDALA
COLORING
PAGE 24

MANDALA
COLORING
PAGE 25

MANDALA
COLORING
PAGE 26

MANDALA
COLORING
PAGE 27

MANDALA
COLORING
PAGE 28

MANDALA
COLORING
PAGE 29

MANDALA
COLORING
PAGE 30

MANDALA
COLORING
PAGE 32

MANDALA
COLORING
PAGE 33

MANDALA COLORING PAGE 34

MANDALA
COLORING
PAGE 35

MANDALA
COLORING
PAGE 36

MANDALA
COLORING
PAGE 37

MANDALA
COLORING
PAGE 39

MANDALA
COLORING
PAGE 40

MANDALA
COLORING
PAGE 42

MANDALA
COLORING
PAGE 43

MANDALA
COLORING
PAGE 44

MANDALA
COLORING
PAGE 46

MANDALA
COLORING
PAGE 47

MANDALA
COLORING
PAGE 48

MANDALA
COLORING
PAGE 49

MANDALA
COLORING
PAGE 50

MANDALA
COLORING
PAGE 51

MANDALA
COLORING
PAGE 53

MANDALA
COLORING
PAGE 54

MANDALA
COLORING
PAGE 55

MANDALA
COLORING
PAGE 56

MANDALA COLORING PAGE 58

MANDALA
COLORING
PAGE 59

MANDALA
COLORING
PAGE 60

MANDALA
COLORING
PAGE 62

MANDALA
COLORING
PAGE 64

MANDALA
COLORING
PAGE 65

MANDALA
COLORING
PAGE 67

MANDALA
COLORING
PAGE 68

MANDALA
COLORING
PAGE 69

MANDALA
COLORING
PAGE 71

MANDALA
COLORING
PAGE 73

MANDALA COLORING PAGE 74

MANDALA
COLORING
PAGE 75

MANDALA
COLORING
PAGE 76

MANDALA
COLORING
PAGE 77

MANDALA
COLORING
PAGE 79

MANDALA
COLORING
PAGE 80

www.ingramcontent.com/pod-product-compliance
Lightning Source LLC
LaVergne TN
LVHW072201150125
801423LV00032B/1284